ALPHONSE BAUDIN

REPRÉSENTANT DU PEUPLE

MORT

Le 3 Décembre 1851

BIOGRAPHIE

PAR

JULES LERMINA

Avec un Autographe

---

40 CENTIMES

BUREAUX DE VENTE

ARMAND LÉON ET Cⁱᵉ, rue du Croissant 21

ALPHONSE BAUDIN

REPRÉSENTANT DU PEUPLE

À Guernesey, dans le cabinet de travail du grand poëte et du grand citoyen, Victor Hugo, un curieux pourrait découvrir, soigneusement rangé, au milieu des reliques recueillies dans la patrie absente, un petit paquet cacheté, bien humble, bien simple. Sur le papier blanc, quelques mots :

Crayon d'Alphonse Baudin, mort pour la Justice et la Liberté — 1851.

Qu'est-ce donc que ce crayon ?

Le 2 décembre 1851, dans la soirée, plusieurs hommes s'étaient réunis et songeaient à organiser la résistance. C'étaient des représentants du peuple élus par le suffrage universel et qui avaient juré de maintenir la Constitution.

Alphonse Baudin prit une feuille de papier, et, tirant un crayon de son portefeuille, écrivit les premières phrases d'une protestation solennelle, appel qui le lendemain devait être lancé au peuple.

Quand il eut écrit ces quelques mots, Baudin remit la feuille et le crayon à Victor Hugo, qui lut, approuva et fit quelques légers changements.

Voici cette proclamation :

« Les Représentants de la Montagne rappellen au peuple et à l'armée, l'article n° 68 et l'articl n° 110 ainsi conçus :

« L'Assemblée constituante confie la défense de la présente Constitution et les droits qu'elle consacre à la garde et au patriotisme de tous les français. »

« Le Peuple, désormais, est à jamais en possession du suffrage universel, n'a besoin d'aucun prince pour le lui rendre, et châtiera le rebelle.

Vive la République !

Vive la Constitution !

Vive le Suffrage universel !

« Que le peuple fasse son devoir.

« Les Représentants républicains marcheront à sa tête. »

Le hasard voulut que Victor Hugo conservât le crayon d'Alphonse Baudin... et l'exilé n'a pas oublié cette modeste épave d'un passé plein d'épreuves et de douleurs.

*
* *

Quel était donc cet homme dont le nom, évoqué aujourd'hui, nous rappelle les plus grands citoyens des luttes civiques.

Etait-ce donc un héros !

On a évoqué le souvenir du chevalier d'Assas, dont la voix, signal de salut pour ses compatriotes, retentissait, signal de mort pour lui-même.

Baudin était-il donc, lui aussi, un de ces robustes enfants de nos armées, habitué à regarder la mort en face ?

Non, Alphonse Baudin n'était ni un demi-dieu, ni un héros.

Alphonse Baudin était un honnête homme.

Né en 1811, d'une famille d'agriculteurs habitant depuis longues années les environs de Nantua (Ain), Baudin fut envoyé, dès sa jeunesse, à Paris, afin de s'y livrer à l'étude de la médecine.

La science, maîtresse sévère, eut bientôt toutes ses adorations : d'une nature vivace et passionnée, le jeune homme s'adonna à l'étude avec ardeur. Les théories de Broussais trouvèrent en lui un adepte fervent.

« Mais, dit de lui un des rares biographes qui lui ont consacré quelques lignes, il apprenait non-seulement à guérir les hommes, mais à les faire vivre. »

Baudin comprit, dès ses premiers pas dans la vie, que le penseur ne peut ni ne doit se désintéresser de la grande question politique et sociale : il vit le gouvernement de Louis-Philippe humiliant la France sous un régime de honte et de corruption, et l'indignation lui monta au cœur et au cerveau. Il entendit ces odieuses théories qui se résumaient dans le mot de M. Guizot : Enrichissez-vous !

Et il se préoccupa dès lors de préparer, avec ses amis, cette révolution du mépris sous laquelle devait tomber si piteusement le roi-citoyen.

Baudin devint un des membres les plus ardents des sociétés secrètes ; de plus, attaché à la Franc-Maçonnerie, il sut, dans les Loges où il prenait la parole, s'attirer l'estime et la sympathie de tous les hommes du parti.

D'une taille au-dessus de la moyenne, Alphonse Baudin avait les cheveux assez longs : il était blond, portait des favoris, avait de grands yeux bleuâtres, un peu saillants.

Il avait la figure pleine et était ordinairement très-pâle. Sa bouche était grande, les dents étaient blanches et bien plantées.

Lorsqu'il s'animait, tout son visage se transfigurait; ses yeux, auxquels l'expression paraissait manquer, semblaient alors lancer des éclairs. Sa bouche se contractait, et sa voix, d'abord voilée, s'éclaircissait et devenait vibrante.

Baudin avait toutes les qualités de l'orateur. Il savait, commençant ses discours avec douceur et une sorte de bonhommie, animer peu à peu son auditoire: il s'en emparait, il le captivait. Puis, ses pensées s'élevaient, les mots affluaient, abondants et colorés....

C'était dans les clubs et les réunions maçonniques qu'il se préparait aux luttes parlementaires, et dans ces assemblées populaires, sa réputation d'orateur était fortement établie.

Nous verrons plus loin que Baudin fut, à la Législative, sobre de discours. Il écoutait et attendait.

La mort le saisit à la gorge et lui arracha la langue.

Il avait été reçu docteur : dès lors commença pour lui une double existence qui justifie, à tous les titres, cette appellation d'*honnête homme* que nous avons, dès les premières lignes, accolée à ce nom qu'un dévouement sublime a immortalisé.

Baudin n'avait aucune fortune personnelle, aucun patrimoine : mais le peu qu'il gagnait, il comprit qu'il le devait aux tristes et aux souffreteux ; le peu de science qu'il avait acquis il résolut de le consacrer aux misérables en qui il voyait des frères.

Baudin, et c'est ici son plus beautitre de gloire, Baudin devint par excellence le médecin des pauvres.

Baudin était, avant tout, simple et bon.

Dès le matin, après avoir reçu dans son domicile, rue des Martyrs, n° 1, les quelques clients aisés qui l'aidaient à vivre, il s'en allait dans les faubourgs. Lié, en raison de ses relations politiques, avec les ouvriers, il s'enquiérait avec sollicitude des souffrances qui demandaient un soulagement. Et le docteur en médecine ne reculait devant aucune démarche, et comme, me disait un de ses anciens obligés :

— En voilà un qui ne comptait pas avec ses jambes !

Ni avec sa bourse, devons-nous ajouter. Il montait dans les mansardes, découvrait ces réduits ou la misère git et se cache, et après qu'il avait passé, la nature aidant, la souffrance avait diminué, l'humanité aidant, la misère était moins grande.

Si jamais Baudin eut recours à la bourse de

ses amis, ce fut pour soulager quelque souffrance ignorée.

Pour lui, à peine le nécessaire. Il donnait sans compter, et si parfois il comptait, c'est qu'il n'était plus temps.

Lorsqu'il fut élu représentant du peuple, Baudin alla demeurer rue de Clichy.

Il occupait un petit appartement des plus simples.

Son cabinet de travail et sa chambre à coucher ne faisaient qu'un. Et le seul luxe de cette pièce consistait dans une bibliothèque assez importante, et choisie dans les œuvres les plus remarquables des écrivains politiques ou de la science médicale.

Une seconde pièce, un salon assez confortable et dans lequel il ne se tenait que pour recevoir ses rares clients : nous disons *rares*, car Baudin oubliait trop souvent l'heure de sa consultation, et quand elle sonnait, il se trouvait plus fréquemment à Belleville ou à Charonne, dans quelque cité malsaine, que dans son salon de docteur achalandé.

Certaines gens s'obstinent à voir dans le démocrate convaincu l'homme aux cheveux incultes, à la barbe en broussailles : tout républicain doit plus ou moins tenir de l'ours des montagnes ou du paysan du Danube.

Alphonse Baudin, démocrate et républicain, était pour sa personne d'un soin méticuleux : ses visites aux faubourgs, ils les accomplissait dans la tenue de rigueur, habit noir et cravate blanche. Il n'eut pas compris d'ailleurs que le malade du grabat eut droit à moins d'égards que celui des maisons les plus riches.

Ses mains étaient blanches, potelées, fines et très-soignées.

Un détail oublié : Baudin était très-vouté et ne se redressait que lorsqu'il parlait en public.

**

Le plus souvent que cela lui était possible, il réunissait à sa table quelques amis, affiliés pour la plupart à la Société des *Saisons* ou à quelque autre association politique.

Et au dessert, c'étaient des discussions sans cesse renouvelées.

Un défaut que me signalait en souriant un de ses plus intimes amis :

En raison de sa grande facilité d'élocution, Baudin parlait beaucoup, même chez lui, et il était difficile de lui arracher le dé de la conversation.

Alphonse Baudin avait été très-lié avec M. Conneau, aujourd'hui médecin aux Tuileries ; et plusieurs tentatives furent faites auprès de lui pour l'attacher à la cause napoléonienne.

Baudin refusa.

Baudin était, ou plutôt se disait communiste, au reste, il n'acceptait ni le système de Cabet, ni celui de Considérant; il était très-opposé à l'organisation sociale défendue par Louis Blanc.

Autrement dit, Baudin voulait la révolution sociale, le bien-être du plus grand nombre; il était l'ennemi des doctrines saint-simoniennes et malthusiennes.

Baudin ne se maria point. Ses amis se souviennent de l'attachement profond et durable qu'il avait voué à une femme digne de lui, et qu'il nous est interdit de désigner ici même, par la plus légère allusion.

Vinrent les journées de février 1848.

Comme la France entière, le Républicain espéra. La Révolution, la République, c'était l'aurore d'une vie nouvelle.

Hélas ! les illusions devaient être courtes.

L'espace nous manque ici pour rappeler ces faits qui doivent à jamais servir au peuple d'enseignement et de sauvegarde.

La majorité réactionnaire qui avait un moment baissé la tête vit bientôt que le Gouvernement provisoire reniait lui-même cette révolution qui l'avait élevé sur le pavois.

Ledru-Rollin luttait, avec quelques fidèles, contre la réaction qui grandissait chaque jour, devenant plus ardente à mesure que l'espoir grandissait pour elle, et que la République s'affaissait sous les intrigues des traîtres et des impuissants.

Baudin suivait, avec le désespoir de l'honnête homme, du citoyen convaincu, les progrès chaque jour plus menaçants de l'esprit monarchique et anti-révolutionnaire.

Prit-il part à la journée du 15 mai ?
Nulle preuve.

Mais le 18 mai, Baudin était arrêté aux premières lueurs du jour et conduit à la Conciergerie.

Là se trouvaient Henri Courtais, élu représentant par 71,000 voix, commandant en chef de la garde nationale et qui, s'efforçant de prévenir une collision, avait été accusé de connivence avec l'*insurrection*; le colonel Saisset, Pierre Leroux, honnête homme et républicain convaincu, dont l'éloge serait superflu; de Flotte qui, comme Baudin, a fait à la liberté le sacrifice de sa vie; Jean-Baptiste Bocquet, premier adjoint du XIIe arrondissement; Nétret, ami et disciple de Pierre Leroux ; Hibruit, l'ardent défenseur de la révolulution qui a expié par onze années de détention (1848-1859), le tort d'avoir osé, aux journées de juin, exiger du Gouvernement républicain l'accomplissement de promesses sacrées, et enfin Borme, le grotesque organisateur des vésuviennes.

Baudin fut écroué sans avoir eu le temps de s'habiller : il était en robe de chambre et en pantoufles, un mouchoir rouge noué autour de la tête.

On se reconnut, et ce furent de tristes serrements de main, car on pressentait déjà l'avenir : *Finis Reipublicæ*.

*
* *

Un incident :

Tous les amis se réunissaient pour prendre le repas à la même table, les plus riches partageant avec leurs compagnons de captivité les provisions qui leur étaient envoyées du dehors.

C'était le 19 ou le 20 mai.

On allait se mettre à table, lorsque la porte du préau fut ouverte, et un nouveau prisonnier fut introduit.

Le nouveau venu semblait embarrassé : et au lieu de marcher droit à ses compagnons d'infortune, il alla, dans un coin de la cour, s'asseoir tristement sur un banc de pierre.

Baudin dit aussitôt :

— Mais c'est le colonel Rey !

Au 15 mai, le colonel Rey commandait l'Hôtel-de-Ville. Etrange destinée que celle des hommes qui vivent en ces temps tourmentés. Le colonel avait hésité lorsque Barbès s'était présenté à l'Hôtel-de-Ville : il avait parlementé. La violence lui répugnait, et l'humanité lui faisait un devoir d'éviter tout conflit sanglant...

L'Hôtel-de-Ville fut envahi.

Si bien que le colonel Rey se sentait suspect, d'une part, aux conservateurs qui lui reprochaient de n'avoir point repoussé par la force les citoyens irrités; d'autre part, aux révolutionnaires auxquels en somme il n'avait donné accès qu'à son corps défendant.

Quelques mots furent échangés à voix basse entre les détenus; Baudin murmura :

— Pouvons-nous laisser ainsi, triste et isolé, cet honnête républicain dont les convictions nous sont connues ?

— Faites ce que vous sentez être juste, répondit Pierre Leroux en lui serrant la main.

Baudin et Hibruit se levèrent, et, se dirigeant vers le colonel, ils s'arrêtèrent devant lui, et, sans qu'un mot fut prononcé, lui tendirent les mains.

Le colonel tressaillit : il prit avec transport ces mains loyales dont l'étreinte le lavait de tout soupçon...

Et il y eut un convive de plus à la table des détenus.

Certes, ces hommes étaient pleins de courage et de foi en l'avenir.

Et cependant la journée du lendemain fut terrible pour eux : il est de ces impressions douloureuses dont les âmes les plus fortement trempées ne se peuvent défendre.

C'était le 21 mai :

— Ce jour-là, dit un historien du temps, Paris présentait le spectacle d'une de ces grandes fêtes politiques, de ces solennités fraternelles qu'un gouvernement fondé sur des bases démocratiques peut seul donner...

O ironie ! c'était la fête de la Concorde !

Et le canon retentissait, les vivats acclamaient l'Assemblée nationale, les cris de joie et de liberté se mêlaient aux fanfares guerrières, la statue colossale de la République dominait les masses accourues de toutes parts, cinq cents jeunes filles vêtues de robes blanches, ceintes d'écharpes bleues, se groupaient autour de la bannière de la Paix et du Travail.....

Et les prisonniers de la Conciergerie entendaient ces vivats, ces cris et ces fanfares.

Et ils se serraient tristement la main, en sentant combien pénible était pour eux cette fête, consécration de la République qui avait été le rêve de leur vie et le but de tous leurs sacrifices.

On s'efforçait de garder un visage souriant : mais on évitait de parler, car la voix eut tremblé et eut trahi la poignante émotion qui étreignait toutes ces poitrines.

Les preuves manquèrent et la *complicité* de Baudin ne put être établie.

Le médecin des pauvres fut relaxé.

Aux journées de juin, il fit son devoir.

. . . .

. . . .

. . . .

Baudin vit en quelques mois ses amis arrêtés, déportés, emprisonnés : il ne perdit pas courage. Il était tenace, et dès longtemps il avait fait à ses convictions le sacrifice de son existence entière.

Il n'était pas de ceux qui reculent alors que le danger est plus grand.

Le Comité central de Paris l'invita à se présenter aux élections dans le département de l'Ain : il accepta ce périlleux honneur et brigua ce poste qui devait lui permettre de signer de son sang le programme de toute sa vie.

Il ne fit pas, du moins à notre connaissance, de profession de foi personnelle. Il fut recommandé aux électeurs de l'Ain par le manifeste suivant, honorable et pour ceux qui l'ont rédigé et pour ceux qui en étaient l'objet.

Le Comité des Républicains socialistes de l'Ain, résidant à Paris.

Aux Electeurs de ce Département

Citoyens,

En ce moment solennel, au moment où la lutte électorale va avoir lieu, il est du devoir de tout bon citoyen de coopérer, selon ses forces et ses moyens, à l'accomplissement de cette grande œuvre.

Placés en sentinelles avancées au centre du mouvement révolutionnaire, nous voyons de nos propres yeux les événements qui surgissent. Quoique éloignés de vous, nous n'en suivons pas moins avec la plus grande sollicitude les détails du combat où vous êtes engagés, nous n'en sommes pas moins intéressés à ce que notre département choisisse des hommes dévoués à la sainte cause du peuple qui est la nôtre à tous.

Trois listes de candidats sont présentées à vos suffrages. L'une comprend les royalistes de toutes branches, de toutes couleurs, qui veulent détruire la République, vous priver des droits électoraux et ramener la tyrannie.

L'autre compte, en même temps que des noms honorables revendiqués par la démocratie, des républicains de forme qui acceptent volontiers un gouvernement qui les a faits quelque chose, mais qui sont incapables de nous guider au progrès et qui repoussent même toute apparence de réforme, craignant de s'engager dans une route pénible : en un mot, ce sont des modérés.

La troisième liste est composée de noms d'hommes profondément dévoués à la cause du peuple; qui feront tous leurs efforts pour constituer un gouvernement au profit de tous, pour diminuer les impôts et les répartir équitablement, pour détruire les abus et les privil ges, pour relever enfin le drapeau de la France de plus en plus abaissé!

En présence de ces trois listes votre choix doit être facile.

Voulez-vous revenir au temps des priviléges et de l'exploitation? Votez pour lés premiers.

Voulez-vous de ce qui existe actuellement? Votez pour les seconds.

Voulez-vous que notre sort soit amélioré? Voulez-vous qu'on s'occupe enfin du peuple travailleur, du vrai peuple, de vous et de nous? Votez pour les républicains progressistes.

Si nous avions à user de nos droits électoraux, dans le département, nous voterions comme un seul homme pour

BAUDIN (Alphonse).	GASTIER, Médecin.
BOCHARD, représentant.	LEDRU-ROLLIN.
BOUVET (Francisque).	EDGAR QUINET.
BOUVET (Aristide),	ROSELLI MOLLET.

Nous faisons des vœux pour que vous ouvriez les portes de l'Assemblée aux défenseurs de la démocratie.

Paris, 8 Mai 1849.

Baudin se rendit aussitôt dans son département.

Il se multiplia : il devait à ses convictions de réussir.

Alphonse Baudin fut envoyé à l'Assemblée législative par 46,739 voix : à côté de lui, Edgar Quinet, Bouvet (Aristide), Bouvet (Francisque), Bochard et Gastier.

Ledru-Rollin fut élu par cinq départements.

Baudin n'hésita pas : il alla aussitôt siéger à la Montagne.

Mais dans les premiers jours du mois de juin 1849, il devint difficile au médecin de donner tous ses soins au mandat politique; l'humanité réclamait ses soins.

Le choléra sévissait avec fureur : les quartiers pauvres étaient décimés. Et là où le jour et la lumière étaient parcimonieusement mesurés par l'étroitesse des ruelles et le mauvais état des bâtisses, Baudin portait courageusement les secours du philanthrope et du médecin.

Tandis qu'il se dévouait, corps et âme, risquant sa vie à chaque heure du jour, le siége de Rome commençait. Baudin se sentit frappé au cœur.

Quoi! la République Française allait écraser la République Romaine, sa sœur.

S'arrachant à ses préoccupations humanitaires,

il courut chez Ledru-Rollin signer la demande de mise en accusation contre le Président de la République et les Ministres de la République, inculpés d'avoir violé la Constitution.

Puis il retourna au chevet des moribonds.

Le 11 juin, Ledru-Rollin accuse le Pouvoir et s'écrie :

— La Constition a été violée au premier chef, nous la défendrons par tous les moyens possibles, même par les armes !

Debout, l'œil en feu, il rappelle à l'Assemblée l'article 110 de la Constitution. Et M. Thiers de répondre :

— Le cri : aux armes ! a été poussé, il n'est plus de la dignité de l'Assemblée de délibérer.

On connait les opinions de M. Thiers sur la question romaine et sur une foule d'autres points.

Le 13 juin 1849, au nom de l'article 110 qui sera également invoqué le 2 décembre 1851, Ledru-Rollin appelle les citoyens aux armes.

Baudin signe le Manifeste et l'Appel au Peuple.

. . . .

La Révolution est vaincue.

La Réaction est victorieuse, la marche triomphale de l'idée anti-républicaine recommence, plus fière et plus orgueilleuse.

Baudin réunit chez lui les membres de la Montagne. On discute les moyens d'action, on se décide à attendre encore.

Ici se place un incident que nous ne pouvons passer sous silence.

Dans la séance du 21 juin, Baudin demande la parole :

« — Je viens, dit-il, adresser à M. le Ministre de l'Intérieur une interpellation sur un fait grave qui s'est passé avant-hier.

« Un commissaire de police, suivi d'une troupe nombreuse d'agents, avec ou sans uniforme, a pénétré dans l'intérieur d'un local situé rue du Hasard, n° 6, qui est affecté, à la connaissance de tout le monde, aux réunions d'un certain nombre de représentants, des représentants de la Monta-gne..... le commissaire de police a pu constater qu'il ne se trouvait dans ce local que des mem-bres de l'Assemblée législative pouvant réguliè-rement justifier de leur qualité. Malgré cette constatation, il a été procédé à des perquisitions; en d'autres termes, il a violé notre domicile. Mal-gré nos réserves, malgré nos protestations, malgré notre opposition, des agents disposés par lui aux issues de l'appartement ont résisté à des Représentants qui demandaient à sortir et qui, la médaille à la main, réclamaient en vertu de leur inviolabilité et du privilége dont ils sont investis par la Constitution.

« Nous avons fait des réserves très-énergiques.

« Un procès-verbal a été dressé, et malgré nos demandes réitérées, le commissaire de police a refusé de nous laisser la copie de son procès-verbal et même du mandat qui lui avait été délivré par le préfet de police.....

« — Je maintiens, continue-t-il, qu'ici il y a attaque à la Constitution. (Dénégations et rires au centre)..... Faites que nous ne la voyons pas à chaque instant violée..... assurez-vous l'autorité par votre modération, alors nous croirons à votre amour de la conciliation, à votre amour de la paix, à votre amour de la loi, à votre amour de la Constitution, et vous nous trouverez tout prêts à vous seconder dans l'accomplissement des projets que vous voulez, au nom de la Constitution, présenter pour l'amélioration du sort des classes pauvres. Alors il n'y aura plus d'antagonisme. (Rires et bruit). Jusque là, respectez, je vous en conjure, les priviléges et les immunités que nous tenons de la Constitution. »

L'Assemblée passa à l'ordre du jour, naturelle-
ment.

*
* *

Baudin remplit son mandat avec une activité
dont il est facile de se rendre compte en parcon-
rant le *Moniteur universel* des années 1849, 1850
et 1851.

Il s'éleva vivement (1849) contre la demande
en autorisation de poursuites déposée au sujet des
citoyens Sommier et Richardet, représentants du
peuple.

Le 30 octobre, Baudin protesta contre l'état de
siége.

— Et vous voyez, s'écria-t-il, toutes les calom-
nies qu'on a échafaudées pour maintenir notre
pays sous un régime exceptionnel, sous le régime
du sabre !

Le 5 juin 1850, un projet de loi fut présenté à
l'Assemblée, ouvrant, pour frais de représenta-
tion du Président de la République, un crédit sup-
plémentaire de 2,400,000 francs.

Baudin demanda la question préalable.

Il lui fut répondu par une menace de rappel à
l'ordre.

Le journal le *Réveil* publie ces quelques lignes, extraites d'une lettre de Baudin, à son ami Jules Carion :

« ..... C'était peu de temps avant le coup d'Etat, l'Assemblée venait de reprendre ses travaux, et Baudin, qui avait été retenu dans le département de l'Ain, se rendait à son poste. Il s'arrêta une journée à Dijon et descendit chez moi. A cette occasion, je réunis chez moi quelques amis, et dans le cours de la conversation, Baudin déclara d'une voix énergique : Notre mandat est de défendre la République. Demain, je serai à Paris, et si elle est attaquée, je jure ici de me faire tuer pour sa défense..... »

C'était plus qu'un serment, c'était une affirmation d'homme d'honneur.

Comment Baudin entendait-il le respect de la parole donnée?

Le 2 décembre 1851, dit M. Belouino dans son apologie du coup d'Etat, Paris se réveille en quelque sorte sous la puissance du fait accompli.....

Puis il constate que l'hydre démagogique, levant ses mille têtes, attendait 1852, c'est-à-dire l'échéance légale, et s'apprêtait à déchirer le sein de la patrie (en exerçant un droit inscrit dans la Constitution). Les cœurs honnêtes et animés de patriotisme, conclut-il, déploraient et attendaient.

D'autres n'attendirent pas, et la Constitution fut brisée.

Les conservateurs, ou majorité énervée d'une Chambre lâche, se laissèrent arrêter sans résistance et refusèrent la liberté que leur offrait le Peuple, arrêtant les fourgons qui les emmenaient à Vincennes.

Les démocrates-socialistes ne pensèrent point que l'inertie et la résistance légale fussent une protestation suffisante contre un acte prévu et puni par la Constitution.

Baudin, Esquiros et Madier de Montjau ne reculèrent devant aucune des conséquences de leur mandat. Une Constitution violée ne se défend pas avec des mots. Ils coururent au milieu du peuple et l'adjurèrent de se lever en masse. Hélas! la majorité des impuissants et les hommes de mauvaise volonté avaient tellement fait honte au peuple de Février et de Juin, que les faubourgs se montrèrent presque insensibles à cet appel. Schœlcher, Bruckner vinrent se joindre à leurs collègues.

A leur voix, les ouvriers désarmèrent quelques postes : un groupe se forma à l'entrée du faubourg Saint-Antoine, au coin de la rue Sainte-Marguerite.

Etait-ce même une barricade ? Non. Deux ou trois voitures de maraîchers, jetées en travers ; au-dessus, un omnibus que des ouvriers étaient allés prendre chez un charron du voisinage : c'était tout. Une vingtaine de fusils, rien de plus.

Mais devant cette redoute, le Droit, représenté par huit représentants du peuple.

Les soldats s'avancent :

Huit représentants, raconte M. Ténot, dans sa remarquable étude sur le Coup d'État, étaient restés debout sur la barricade : Baudin, Briller, Bruckner, de Flotte, Dulac, Maigne, Maladier et Schœlcher. Ils firent signe aux soldats de s'arrêter ; le capitaine Petit répondit par un geste négatif. Sept des représentants descendirent alors et marchèrent vers la troupe. Ils étaient sans armes, en écharpe, sur une seule ligne. Les soldants s'arrêtèrent instinctivement. M. Schœlcher prit la parole : « Nous sommes représentants du « peuple, s'écria-t-il ; au nom de la Constitution, « nous réclamons votre concours pour faire res- « pecter la loi du pays. Venez à nous, ce sera

« votre gloire. » — « Taisez-vous, répondit le
« capitaine, je ne veux pas vous entendre, j'o-
« béis à mes chefs; j'ai des ordres; retirez-vous
« ou je fais tirer. » — Vous pouvez nous tuer;
« nous ne reculerons pas. Vive la République !
« Vive la Constitution ! » répondirent d'une seule
voix les sept représentants. L'officier fit apprêter
les armes, et commanda « en avant ! » Plusieurs
des représentants, croyant la dernière heure ve-
nne, mirent le chapeau à la main, comme pour
saluer la mort, en poussant un nouveau [cri de :
Vive la République ! » Mais l'officier ne commanda
pas le feu. Neuf rangs de soldats passèrent suc-
cessivement, marchant vers la barricade et se dé-
tournèrent des représentants, sans les frapper.
Ceux-ci continuaient à les adjurer de se joindre à
eux.

Cependant, quelques soldats, plus impatients
que les autres, repoussèrent les représentants,
les menaçant de leurs baïonnettes. Un fourrier
coucha en joue M. Bruckner; mais, sur un mot
calme et digne du représentant, il releva son fusil
et le déchargea en l'air. Au même instant, un sol-
dat lançait un coup de baïonnette à M. Schœlcher,
— pour l'éloigner plutôt que pour le percer, a
dit M. Schœlcher lui-même. — Malheureusement,
l'un des républicains qui étaient demeurés sur la

barricade crut, sans doute, que les soldats frappaient réellement les reprétentants. Il abaissa son arme et fit feu. Un militaire tomba mortellement frappé. La tête de la colonne, qui n'était plus qu'à trois ou quatre pas de la barricade, répondit par une décharge générale.

Le représentant Baudin, qui était demeuré debout sur l'une des voitures, et qui continuait de haranguer les soldats, tomba foudroyé. Trois balles lui avaient fracassé le crâne.

Un jeune homme du peuple, qui se tenait à côté de Baudin, un fusil à la main, tomba en même temps frappé à mort. On n'a pu savoir le nom de cet ouvrier intrépide dont le sang se mêla à celui du représentant !

Auguste Barbier, l'immortel auteur des *Iambes*, nous apprend qu'il se nommait Marcel.

Est-il vrai, comme on l'a raconté d'après un fait relaté par le *Siècle* de 1851, qu'un mot pénible ait attristé les dernières minutes d'Alphonse Baudin.

« Quelques minutes avant l'arrivée des troupes, il faisait appel à un groupe d'ouvriers. L'un d'eux lui aurait dit :

« — Est-ce que vous croyez que nous voulons

« nous faire tuer peur vous conserver vos vingt-
« cinq francs par jour ?

« — Demeurez-là encore un instant, mon ami,
« répliqua Baudin avec un sourire amer, et vous
« allez voir comment on meurt pour vingt-cinq
« francs ! »

Pour l'honneur de nos frères, j'ose affirmer
que le mot est apocryphe et n'a pas été prononcé.

Baudin en est-il moins grand ?

Des témoins oculaires de cet admirable martyre nient positivement cette circonstance. J'en
suis heureux.

Tel fut Alphonse Baudin, auquel il a été
donné de vivre et de mourir pour ses convictions, pour le droit et la liberté.

Cette vie est un exemple.

Jules LERMINA.

Je dois à l'obligeante communication de M. Hibruit, nommé plus haut, la lettre suivante d'Alphonse Baudin.

Cette lettre a elle-même une curieuse histoire,

Lorsqu'elle arriva à Belle-Isle , M. Hibruit, détenu déjà depuis trois ans, avait été (pourquoi?) mis au cachot. Ces co-détenus lui firent parvenir cette lettre dans une botte de radis.

Elle est datée du 10 août 1851.

Mon cher ami,

Je ne veux pas laisser échapper une bonne occasion de me rappeler à votre souvenir et de vous faire savoir que vous vivez dans le nôtre. Je suis heureux de pouvoir en même temps ranimer, non pas votre courage, mais vos espérances. La République pénètre dans les masses; elle s'y implante de façon à ce que les royalistes ne puissent plus y poser impunément la main. Les temps de la justice approchent.

Ayez confiance ! Le vent souffle de l'avenir. Il chasse toutes les nuées si sombres que le passé avait accumulées sur le présent.

Nous nous serrerons bientôt la main.

Je n'ai jamais été plus pauvre. Croyez pourtant que je n'ai pas cessé d'être à votre disposition dans la mesure de mes ressources.

Donnez-moi de vos nouvelles et de celles des personnes qui vous étaient chères ici.

Tous vos amis me chargent de vous exprimer leurs plus vives et leurs plus affectueuses sympathies. Vous retrouverez à votre retour, qui ne peut manquer d'être prochain, des cœurs chauds pour vous accueillir, pour vous consoler et vous dédommager de vos sacrifices et de vos souffrances.

Rappelez moi à la mémoire de tous nos amis qui participent à votre martyre. Dites-leur bien à tous que nous les aimons et que nous les attendons.

L'heure me presse, mon cher ami; je n'ai que
le temps de vous adresser quelques mots de bien
sincère affection. Répondez-moi et comptez sur
les sentiments fraternels de votre ami

Alph. BAUDIN.

10 avril 1851.

(Voir l'autographe à la page suivante.

[Lettre manuscrite]

L'heure me presse mon cher ami, je n'ai que le temps de vous adresser quelques mots de bien sincère affection répondez moi et comptez sur les sentiments fraternels de votre ami

A. Baudry

10 avril
1851.

Imp. Turfin et Ad. Juvet, 9, cour des Miracles.

LA RÉVOLUTION

PAR

M. JULES LERMINA

Une brochure in-32 . . . . 30 Centimes

HISTOIRE DE LA MISÈRE

OU

LE PROLÉTARIAT A TRAVERS LES AGES

PAR

M. JULES LERMINA

Un volume in-18 . . . . 3 fr. 50 c.

www.ingramcontent.com/pod-product-compliance
Lightning Source LLC
Chambersburg PA
CBHW051747050726
47598CB00003B/1369